HERMANN KOCH

Der traurige Prophet

Jeremia-Geschichten

Geschichten des Glaubens
neu erzählt

QUELL VERLAG STUTTGART

Die Beiträge dieses Bibelhefts gehen auf Artikel aus dem Evangelischen Gemeindeblatt für Württemberg zurück, die von Kurt Rommel herausgegeben wurden.

Bildnachweis:
Umschlagfoto: epd-Bild-Stuttgart Moses
epd-Bild-Stuttgart Lachmann S. 21
Ewald Stark S.10, 32, 43

ISBN 3-7918-5401-1

1. Auflage 1988
Einbandgestaltung: Klaus Dempel, Stuttgart
Satz und Druck: Quell Verlag Stuttgart

INHALT

Die Berufung

Jeremia 1,4-10

Es klopfte. Jeremia ging zur Tür und öffnete. »Du, Baruch?« Baruch war Schreiber von Beruf. Seit einem Jahr war er am Königshof angestellt. Kanzler Schaphan schätzte den jungen Mann sehr. Baruch war nur wenige Jahre jünger als Jeremia. »Ich bin gekommen, um mich von dir zu verabschieden. Der Kanzler schickt mich als Gesandten des Königs nach Babylon.« – »Komm herein, setze dich. Erzähle!«

Baruch war so erfüllt von dem Neuen, Unbekannten, das auf ihn wartete, daß er mit großem Eifer erzählte. Er achtete gar nicht auf den veränderten Zustand seines Freundes. »Gib das größte Stück Papyrus her, das du hast. Und Schreibfeder und Tinte.« Jeremia brachte ein großes Stück Papyrus. Es bedeckte den ganzen Tisch. »Siehst du«, sprach er und machte oben auf dem Blatt einen kleinen Kreis, »das ist Ninive, die Hauptstadt von Assur. Aber – ihre Tage sind gezählt. Lange genug sind die Assyrer Herren der Welt gewesen. Auch unser Land haben sie geknechtet. – Hier: Das ist das Hochland ganz im Osten.« Wieder zeichnete Baruch. Ein mächtiger Pfeil zielte von Sonnenaufgang her auf Ninive. »Von diesen Bergen steigen die Meder herab und greifen Assur an. – Und hier: Hoch aus dem Norden kommt ein Reitervolk, die Uman-manda. Auch sie rennen gegen Assur an.« Baruch zeichnete einen zweiten auf Assur zielen-

den Pfeil in die Karte. Dann fuhr er fort: »Und da: Das sind die Sümpfe an der Mündung des Euphrat und des Tigris. Die Babylonier steigen aus den Schilfwäldern heraus. Sie dringen nach Norden vor. Sie verjagen die Assyrer.« Ein dritter mächtiger Pfeil auf Ninive zu. »Nabopolassar heißt ihr König. Da ist Babylon. Er hat es schon erobert.« Baruch geriet in immer größere Begeisterung. »Ich werde den Turm zu Babel sehen, Jeremia. In wenigen Wochen!«
Baruch überschaute die Weltkarte, die er mit wenigen Strichen auf das Papier geworfen hatte. Er trat ein wenig zurück. Dann sprach er: »Großes steht bevor. Du wirst sehen – in einigen Jahren sieht die Welt anders aus. Assur wird fallen!«
»Und in dieser bewegten Zeit gehst du als Gesandter nach Babylon!« – »Ich gehöre dort zu den Gesandten von Juda. Du weißt, welch hohe Ehre es bedeutet, Gesandter des Königs zu sein. Wir haben dort die Sache unsres Königs zu vertreten. – Morgen reise ich!« Baruch hielt inne. Er blickte Jeremia an. »Du trägst ja gar nicht mehr das Priesterkleid?« Baruch betrachtete jetzt erst seinen Freund aufmerksam.
Jeremia war hier in Anatot, wenige Kilometer nördlich von Jerusalem, aufgewachsen. Sein Vater Hilkia war Priester. Er entstammte einem alten Priestergeschlecht. Baruch forschte in den Gesichtszügen seines Freundes. Er liebte den stillen, nachdenklichen Menschen, der am liebsten für sich allein war. Aber heute entdeckte Baruch etwas Unbekanntes im Wesen seines Freundes. Baruch mußte gestehen: In einer solchen Verfassung hatte er Jeremia noch nie gesehen. Etwas Großes mußte ihm begegnet sein. »Was ist mit dir, Jeremia? Bedrückt dich etwas? Sage es mir!«

Jeremia stand auf. Dann sprach er fest: »Ich werde nicht Priester, Baruch. Auch trete ich nicht in den Dienst des Königs. – Du hast einmal gesagt: Jeder muß das werden, wozu er bestimmt ist!« – »Und du weißt jetzt, wozu du bestimmt bist?« – »Seit dem letzten Neujahrstag.« – »Aber das liegt ja erst wenige Tage zurück. – Du sprichst in Rätseln. Sage mir, was ist los mit dir?« Jeremia ging zu einem kleinen Schrank. Er öffnete ihn und holte eine kleine Schriftrolle heraus. Er übergab sie Baruch mit einer Feierlichkeit, die anzeigte, daß diese Schriftrolle einen ganz besonderen Text enthielt. Einen Text, der für Jeremia – und nicht nur für ihn – von größter Bedeutung war. »Lies! Ich habe es aufgeschrieben.«
Baruch blickte mit größtem Erstaunen zuerst auf seinen Freund, dann auf die Schriftrolle. Langsam öffnete er sie und las: »Des Herrn Wort geschah zu mir...« Baruch stockte. Nochmals las er diese Worte langsamer. Ganz ähnlich fing doch auch die Berufungsgeschichte von Abraham und Mose an. Und zu den Propheten, zu Amos, Hosea, Jesaja redete Gott auch in ähnlicher Weise. – Er blickte scheu zu seinem Freund auf: »Und dasselbe ist jetzt dir geschehen, Jeremia?« Baruch war von diesen Worten so erschüttert, daß die Schriftrolle in seinen Händen zitterte.
Er las zu seinem großen Erstaunen: »Ich kannte dich, ehe ich dich im Mutterleib bereitete und sonderte dich aus, ehe du von der Mutter geboren wurdest...« Baruch war fassungslos: »So etwas hat Gott noch zu keinem Menschen gesagt. – Schon bevor du wurdest, warst du ein Gedanke Gottes. Schon damals wollte er dich und liebte dich. Schon damals hat er dich ausgesondert... Aber – zu was?«

Dann las er langsam weiter: ». . . und bestellte dich zum Propheten für die Völker!« Baruch stand plötzlich auf. In höchstem Erstaunen legte er die Schriftrolle mit den ungeheuren Worten mitten auf die Weltkarte. »Da liegt das Dokument, das dich zum Völkerpropheten bestellt!« sagte er feierlich. »Gott sendet dich als seinen Gesandten zu den Völkern der Welt! Ich kann es kaum fassen!«
Jeremia sprach: »Du weißt, wie sehr ich immer von der Frage bewegt war: Wer bin ich? Was soll aus mir werden? Du selbst bist Zeuge. Wie oft haben wir miteinander darüber gesprochen. Auch mit meinen Eltern habe ich geredet. – Seit dem Neujahrstag dieses Jahres weiß ich es. Es wurde mir gesagt!« – Baruch sprach: »Damit du Gottes Gesandter für die Völker bist, bist du geboren. Du bist dem höchsten König eigen. Er hat dir enthüllt, wer du bist und was du sein sollst. Bis in die tiefsten Wurzeln ist dir dein Wesen aufgedeckt. Damit du nie irre wirst an deinem Amt!«
Baruch legte die Hand auf die Weltkarte: »Diese Könige meinen, sie regierten die Welt und alles geschehe nach ihrem Willen. Doch der Herr ist der König der Welt. Schon Jesaja hat ihn so gesehen. Und jetzt sollst du seinen Willen aussprechen.«
Dann fuhr Baruch fort: »Was hast du darauf geantwortet?« – »Lies weiter!« Baruch las: »Ich aber sprach: Ach, Herr, ich tauge nicht zu predigen; denn ich bin zu jung! Der Herr aber sprach zu mir: Sage nicht: Ich bin zu jung, sondern du sollst gehen, wohin ich dich sende und predigen alles, was ich dir gebiete. Fürchte dich nicht vor ihnen; denn ich bin bei dir und will dich erretten, spricht der Herr.« »So zwingt er dich in seinen Dienst! Du hast keine andere Wahl. Aber – er läßt dich auch nicht allein!«

Baruch schwieg. Zu sehr war er überrascht. Dann griff er hastig nach der Schriftrolle: »Weißt du, was dein Auftrag ist? Die Völker geraten in Bewegung. Da, sieh die Weltkarte. Was ist da dein Auftrag, Völkerprophet?« – »Lies!« – Baruch las: »Und der Herr streckte seine Hand aus und rührte meinen Mund an und sprach zu mir: Siehe, ich lege meine Worte in deinen Mund. Siehe, ich setze dich heute über Völker und Königreiche, daß du ausreißen und einreißen sollst und bauen und pflanzen!« Die Schrift Jeremias endete hier. Feierlich legte Baruch das Dokument wieder auf die Weltkarte. Wie um damit anzuzeigen, daß Gott jetzt durch das Wort seines Propheten eingreift in die Weltgeschichte. Noch einmal wiederholte Baruch die letzten Worte: ». . . ausreißen und einreißen sollst du, und pflanzen und bauen!« Die beiden Freunde schwiegen lange. Sie blickten auf die Weltkarte und auf das Dokument der Berufung Jeremias zum Völkerpropheten. Und beide bewegten in ihrem Herzen die gewaltigen Bilder dieser letzten Worte.
Ausreißen, einreißen! – Beide Männer schauten auf Juda, das kleine Land zwischen den Weltmächten. Hier wird das Gericht Gottes anfangen. Assur wird fallen, Babylon wird fallen. Und eingerissen werden die Bauten, die scheinbar für alle Ewigkeit bestehen sollten. Der Turm zu Babel versinkt. Das ist das Gericht Gottes, das über das Volk Gottes und über die Völker kommt. Aber schon mitten im Gericht ereignet sich auch das andere: pflanzen und bauen! Das eigentliche Ziel Gottes, dem seine Gerichte dienen! Jeremia wird mit seinen Worten starke Hoffnung pflanzen in die Herzen der aus ihrem Land verbannten Judäer. Er wird mit seinen Worten die Gemeinde bauen, mitten unter den Zerstreuten. Und von dieser Gemeinde wird einst

das Wort des Herrn auch hinausgehen in die Völkerwelt.
Wie sein Freund, so war auch Baruch im Innersten aufgewühlt. Er ergriff die Hand seines Freundes: »Gerade jetzt muß ich gehen! Wie gerne wäre ich dir zur Seite gestanden. Was soll ich dir zum Abschied sagen?«
Dann ergriff er in einer plötzlichen Eingebung die Schriftrolle, suchte kurz und las dann aus ihr vor: »Fürchte dich nicht vor ihnen; denn ich bin bei dir und will dich erretten, spricht der Herr!«
Baruch schloß Jeremia in die Arme. Dann verließ er rasch das Haus.

Die lebendige Quelle

Jeremia 2, 1-13

Jeremia griff nach der Schriftrolle, in die er seit dem Tag seiner Berufung alle Worte des Herrn eintrug, die an ihn ergangen waren. Er las: »Ich habe dich zum Prüfer gesetzt für mein Volk, daß du seinen Wandel erkennen und prüfen sollst!« – »Prüfen soll ich«, sprach Jeremia leise. »Aber – wo muß ich hingehen, um diese Prüfung vorzunehmen?«
Plötzlich wußte es Jeremia: In der Morgenfrühe verließ er sein Elternhaus in Anatot. Eine Stunde mußte er gehen. Dann sah er die heilige Stadt und den Tempel des Herrn. Er ging in den Tempel. Schon oft war er hier gewesen. Aber heute sah er alles mit anderen Augen. Zum erstenmal sah er bewußt die fremden Götter im Heiligtum des Herrn. Er sah das Bild des Kriegsgottes Assur und das Bild der Liebesgöttin Ischtar. Er sah die gußeisernen Pferde, die zum Dienst der Götter bereitstanden. Das war gegen das erste Gebot.
Viel gefährlicher als diese Götterbilder aber war es, daß heidnisches Wesen sogar den Jahweglauben verfälscht hatte. Was gab es für einen Unterschied zwischen Jahwe und Baal? Waren nicht beide Götter dazu da, den Interessen der Menschen zu dienen? – Tief war das Volk Gottes während der langen Regierungszeit des Königs Manasse gesunken!
Jeremia fand nur wenige Menschen im Tempel. Wo war die Masse des Volks? Der Prophet verließ den

Tempel und machte sich auf den Weg zur südlichen Kuppe des Ölbergs. Er wußte, warum er dorthin ging. Schon aus der Ferne hörte er langgezogene Klagerufe: »Baal ist tot!« Doch plötzlich ging das dumpfe Heulen in Geschrei über. »Baal lebt! Baal lebt!« Schrille Musik begleitete das Geschrei. Den Glauben an Baal hatten die Israeliten von den Kanaanäern übernommen, als sie in das Land kamen. Anstatt Gott zu danken für seine gnädige Führung, wandten sie ihm den Rücken zu. Nun hieß es: »Baal verdanken wir das üppige Leben in diesem Land! Baal verschafft uns Glück und Lust!« Hier suchten sie das wahre Leben. Fanden sie es? Jeremia forschte in den Gesichtern. Wieviel unerfülltes Leben! »Ich bin der Herr, dein Gott, der dich aus Ägyptenland, aus der Knechtschaft geführt hat. Du sollst keine anderen Götter haben neben mir!« Das war hier vergessen! Hier herrschte allein Baal! Tief brannte es sich dem prüfenden Propheten ins Herz: Sie sind abgefallen von Gott! – Und er wußte plötzlich: Das war der Zentralgedanke seiner ersten Predigt. Aber er wußte auch, daß er das in einer neuen Sprache vorbringen mußte! Gott litt selbst unter dem Abfall seines Volkes. Mit Bildern voll Leben mußte er das Unbegreifliche dieses Abfalls ausdrücken. Aber wie? Für diese neue Sprache hatte er nur ein Vorbild: Das war der Prophet Hosea, der vor hundert Jahren in Israel gewirkt hatte.
Auf dem Rückweg zur Stadt ging ein junges Paar vor Jeremia. Ganz versunken war Jeremia in den Anblick des Mädchens. Er sah, wie sie sich eng an den Mann schmiegte. Nur ihm wandte sie das Gesicht zu mit einem bezaubernden Lächeln um die Augen. Auf nichts anderes mehr achtete sie als nur auf ihn. Als Jeremia das sah, hatte er den Anfang

für seine Predigt gefunden. Er mußte mit der Zeit der ersten Liebe Israels zu seinem Gott beginnen. Israel als Ehefrau – er verwarf dieses Bild, das schon Hosea gebraucht hatte. Nein – Israel als Braut! Dieses Bild brachte die innige, hingebungsvolle Liebe zum Ausdruck. – Nach dieser ersten Liebe und nach den Taten der Treue Gottes kam im Land der Abfall zu Baal. Mit diesem Gegensatz konnte er die Unbegreiflichkeit dieses Geschehens zum Ausdruck bringen.

Noch tief in Gedanken versunken fand sich Jeremia an der Quelle Gihon, die unmittelbar vor dem Mittelteil der Ostmauer Jerusalems lag. Unaufhörlich sprudelte das Wasser hervor, ohne jedes Zutun von Menschen. Aus unergründlichen, geheimnisvollen Tiefen kam die lebenserhaltende, frische Quelle. Sie allein machte das Leben in der Stadt möglich. Sie förderte es und stillte den Durst der Menschen. Jeremia schöpfte und trank.

Und auf einmal stand vor dem Propheten der andere Gedanke seiner Predigt: Gott, das war die lebendige Quelle. Ohne daß es das Verdienst Israels gewesen wäre, wandte er sich dem Volk zu. Er schenkte Leben. Seine Geschichtstaten seit dem Auszug aus Ägypten bewiesen das.

Und dennoch hatte es Israel in Kanaan fertiggebracht, sich von diesem Lebensquell zu entfernen! Stattdessen grub es sich unter großen Mühen Zisternen; die aber enthielten nur schlechtes Wasser. Dort war der Lebensdurst nicht zu stillen.

Als Jeremia sich dem Königspalast näherte, begegneten ihm zwei ausländische Gesandtschaften. Der ersten sah er sogleich die Herkunft aus dem Osten an: Leute aus Kedar. Jeremia sah goldene Halbmonde an den braungebrannten Hälsen hängen. Sie waren das Zeichen des Mondgottes, dem sie

dienten. Danach begegneten ihm Männer aus einer ganz anderen Himmelsrichtung. Bei ihnen beobachtete Jeremia das Zeichen des Stiergottes, den man auf der Insel Kreta anbetete.
Als Jeremia das sah, überfiel ihn eine Einsicht, die ihn so sehr erregte, daß er stehenbleiben mußte: Die verachteten Heiden hielten treu zu ihren Göttern! Das Gottesvolk aber? Dabei hatte der Gott Israels durch Jahrhunderte seine helfende Macht bewiesen! Als Jeremia schließlich den Tempel betreten wollte, zogen gerade Priester und Propheten in feierlichem Zug in das Heiligtum ein. Die Ältesten des Volkes und Fürsten begleiteten sie. Bitterkeit stieg in Jeremia auf: Hätten diese Männer ihre Ämter richtig verwaltet, so wäre es nicht zu diesem Unheil gekommen!
Erst spät am Abend kehrte er nach Anatot zurück. Jetzt ordnete er die Bilder. Fünf waren es: die Zeit der bräutlichen Liebe, die Taten Gottes für sein Volk und der Abfall, die Hauptschuldigen, vorbildliche Heiden. Und dann als Höhepunkt das Bild von der Quelle und der Zisterne. Jeremia schloß die Augen. Jetzt zog das ganze Geschehen Bild für Bild an ihm vorbei: die Geschichte des unbegreiflichen Abfalls seines Volkes von Gott.
Am anderen Tag feierte man das Herbstfest. Die Priester verkündigten die Heilstaten Gottes. Eleasar stand in der vordersten Reihe der Priester. Er war ein mächtiger Mann, denn er war zugleich Aufseher über die Gihonquelle, von der das Leben der Stadt abhing.
Als die Priester schwiegen, schallte eine Stimme laut über den Tempelplatz: »So spricht der Herr . . . !« Die Priester horchten auf. Alles Volk horchte auf. Großes Erstaunen – ein junger Mann ist's, der da ruft! »Ist das nicht Jeremia, der Sohn

des Priesters Hilkia?« Mancher erinnerte sich an die Zeiten, als Jesaja seine Reden so begann: »So spricht der Herr!« Gehört jetzt Jeremia auch zu den Propheten? – Wie wird er fortfahren? Scheltworte! Gerichtsworte! So sprachen die Propheten bisher. Auch Eleasar, der priesterliche Brunnenaufseher, meinte das. Doch es kam anders:

»Ich gedenke der Treue deiner Jugend und der Liebe deiner Brautzeit, wie du mir folgtest in der Wüste, im Land, da man nicht sät. Da war Israel dem Herrn heilig, die Erstlingsfrucht seiner Ernte. Wer davon essen wollte, machte sich schuldig ... spricht der Herr!« Der priesterliche Aufseher über die Quelle war hingerissen von diesem Bild. Gott gedenkt der Liebe seiner Braut! Solche Worte hatte Eleasar noch nie gehört!

»Hört des Herrn Wort, ihr vom Hause Jakobs und alle Geschlechter vom Hause Israel! So spricht der Herr! Was haben doch eure Väter Unrechtes an mir gefunden, daß sie von mir wichen und hingen den nichtigen Götzen an und wurden selbst zunichte! Und dachten niemals: Wo ist der Herr, der uns aus Ägyptenland führte und uns leitete in der Wüste ... Und ich brachte euch in ein fruchtbares Land, daß ihr äßet seine Früchte und Güter. Aber als ihr hineinkamt, machtet ihr mein Land unrein und mein Eigentum mir zum Greuel ...«

Nach dem lieblichen Bild der Braut wirkte diese Frage Gottes nach der Treue seines Volkes wie ein schmerzlicher Stich. Eleasar sah auf einmal den Zustand des Gottesvolkes ganz klar.

Eine gefährliche Illusion

Jeremia 7, 1-15

Dies alles erlebten die Bewohner Jerusalems in einem einzigen Jahr: Tot brachte man den großen König Josia in die Stadt zurück! Er war bei einem Treffen mit Pharao Necho bei Megiddo gefallen! Ein einziger, nicht endenwollender Klageruf erfüllte die Stadt und das Land. Was für ein König! Eine Gestalt wie David! Welche Pläne! – Und jetzt ist er tot! Unser Schild, unser Schutz ist weggenommen! Aber da ist Joahas, Josias zweiter Sohn, nach dem Vater geartet. Laßt uns den zum König machen! Aber der Pharao spricht ein hartes Nein! Ins Hauptquartier, nach Ribla, muß der König von Juda kommen. Er verschwindet in ägyptischen Gefängnissen. An seiner Stelle setzt der Pharao Eljakim ein, Josias ältesten Sohn. Zum Zeichen seiner Herrschaft gibt der Pharao ihm einen neuen Namen: Jojakim.
Große Sorge erfüllte jedermann in der Heiligen Stadt. Was wird die Zukunft bringen? Es ist als bebe die Erde unter den Füßen. Was gibt Schutz? Was gibt Sicherheit? Aber trotz aller Angst: Das Leben geht weiter. Jeder trachtet nach dem Seinen. Jetzt erst recht! Wer Macht hat, nützt sie kräftig aus. Ein Ausländer verliert seinen Arbeitsplatz und wird auf die Straße gesetzt. Eine Witwe verliert ihren letzten Acker. Ein Unschuldiger wird ins Gefängnis gebracht. Und schon wieder hört man an

vielen Stellen den Namen des Gottes Baal! Zu ihm muß der beten, der den Wohlstand will.
Aber das Leben kann die Frage nicht übertönen: Was gibt Schutz? Was gibt Sicherheit? Da kommt in diesem Jahr wieder das Herbstfest heran. Das ist das große Erntedankfest; und zugleich das Fest, bei dem man an den Bund Gottes mit seinem Volk denkt. Da strömen die Menschen aus dem ganzen Land in die Heilige Stadt. Und mit den Bewohnern zusammen geht es hinauf in den Tempel.
Was für ein Bau! Hoch ragen die beiden kunstvollen Säulen, die das Eingangsportal zieren. Hoch sind die Wände des Heiligtums aus geglättetem Stein. Jetzt steht der Tempel wieder prächtig da! König Josia hat das Heiligtum gereinigt: Hinaus mit allen anderen Göttern! Einer ist Gott! Nur hier darf er angebetet werden!
Als sie das Heiligtum betreten, werden die Geängstigten ruhig. Hier ist Schutz! Hier ist Sicherheit! Denn hier wohnt der Gott Israels!
Was die Gottesdienstbesucher fühlten, das sprachen die Priester aus. Dreimal wiederholte es der Oberpriester: »Hier ist des Herrn Tempel!« Und dann wiederholte es brausend der Priesterchor: »Hier ist des Herrn Tempel!« Weitgereiste unter den Besuchern des Festes erinnerten sich daran, daß sie ähnliches schon gehört hatten – in Babylon, beim Fest Marduks!
Doch was ist das für eine Stimme? Laut erschallt sie vom Eingangstor her über den Platz. Die Menschen wenden sich der Stimme zu. Die Priester schweigen. Jetzt erschallt sie wieder: »So spricht der Herr, der Gott Israels!« So spricht der Bote Gottes. Das ist die Botenformel. Nicht eigene Gedanken spricht er aus. Er spricht im Auftrag seines Herrn. Der Gott Israels spricht durch ihn!

Und jetzt sehen sie den Boten: Jeremia ist es. Lang hat er geschwiegen. Von den ersten Reformen Josias an bis jetzt. Jetzt tritt er wieder auf. Was für eine Botschaft hat er?
»Bessert euer Leben und euer Tun, so will ich bei euch wohnen an diesem Ort. Verlaßt euch nicht auf Lügenworte, wenn sie sagen: ›Hier ist des Herrn Tempel! Hier ist des Herrn Tempel!‹« Die Worte klingen wie Hammerschläge. Lügenworte! Illusion! Täuschung! Einbildung! Schein! Gottes Wort zertrümmert sie. Aber es ist eine Tat der Liebe. Falsche Sicherheit zerschlägt Gottes Wort wie ein Hammer, um die wirkliche Sicherheit, das rechte Vertrauen zu bauen!
Jeremia sagt, unter welchen Bedingungen Gott hier wohnt und daß die Hoffnung auf das Haus des Herrn keine Illusion ist, sondern Realität. Realität, auf die man bauen kann.
Es ist, als griffe der Bote Gottes in den Tempel und hole dort aus der Bundeslade heraus, was da verschlossen liegt. Und stellte das dem Volk Gottes vor Augen: Zuerst die zweite der beiden Gesetzestafeln! Das ist die Bedingung für das Wohnen Gottes bei euch. So ist der Schutz im Haus Gottes keine Illusion, sondern Realität. Hoch hält Jeremia die zweite Tafel: »Bessert euer Leben und euer Tun, daß ihr recht handelt einer gegen den anderen und keine Gewalt übt gegen Fremdlinge, Waisen und Witwen und nicht unschuldiges Blut vergießt.« Und dann reckt er hoch die andere Tafel, die erste: ». . . und nicht anderen Göttern nachlauft!«
Dann zeigen sich die Gedanken der Herzen auf den Gesichtern. Warum soll nicht gelten, was immer gegolten hat: Gottes Gnade ist groß! Bei ihm ist Schutz und Sicherheit für sein Volk! Umkehr? Wir gehen unseren Weg weiter!

Und dann stimmen sie alle ein in das, was die Priester sprachen: »Hier ist des Herrn Tempel . . . !«
Jeremia wankte zuerst unter dem mächtigen Aufbegehren der vielen Stimmen. Er muß erkennen, daß das Volk nicht umkehren will. Und dann ist es ihm auf einmal, als geschähe Schreckliches, Furchtbares! Das Bild des Tempels verwandelt sich vor seinen Augen. Die stolzen Mauern fallen zusammen. Der geglättete Stein verschwindet. Wo das Heiligtum des Herrn stand – rauher Fels! Und dort – ein gähnendes Loch. Schwarz. Der Prophet wischt sich über die Augen: der Eingang einer Höhle. Und dort – was ist das? Diese Menschen dort – sind das nicht die Mitglieder einer Räuberbande? Sie tragen den Raub in Säcken mit sich. Sie verschwinden in der Höhle. Jeremia hört ihr Aufatmen: »Jetzt sind wir geborgen!« Eine Räuberhöhle. Von dort aus brechen sie zu neuen Untaten auf.
Das Bild verschwindet. Wieder sieht Jeremia den Tempel und die vielen Festbesucher. So ist es mit dem Gottesvolk!
Als das laute Geschrei verstummt, spricht Jeremia: »Aber nun verlaßt ihr euch auf Lügenworte. Ihr seid Diebe, Mörder, Ehebrecher und Meineidige, opfert dem Baal und lauft fremden Göttern nach . . . Und dann kommt ihr und tretet vor mich in diesem Hause und sprecht: Wir sind geborgen! Und tut weiter solche Greuel. Haltet ihr denn das Haus, das nach meinem Namen genannt ist, für eine Räuberhöhle?«
Jetzt einige schrille Stimmen: »Dieses Haus ist Gottes Haus. Es bleibt in Ewigkeit! Und wir sind sein Volk!«
Plötzlich erinnerte sich Jeremia an ein anderes Gotteshaus, an den Vorläufer des Tempels in Jerusa-

lem. Wieder geht er in Gedanken über jene flache Kuppe, auf der einst das erste Heiligtum des Gottesvolkes stand: Silo. Aber sein Fuß stößt nur noch an Trümmer. Zertrümmert wird auch das zweite Haus Gottes. Und Furchtbareres noch: Das Volk Gottes muß das Land verlassen wie auch einst die Bewohner des Nordreichs. Es muß das Land, die große Heilsgabe, preisgeben.
Und so ruft der Prophet, mit einer Stimme, in der tiefer Schmerz ist: »Geht hin an meine Stätte zu Silo, wo früher mein Name gewohnt hat und schaut, was ich dort getan habe wegen der Bosheit meines Volkes Israel. Weil ihr denn immer wieder solche Dinge treibt, und weil ich immer wieder zu euch redete und ihr nicht hören wolltet, so will ich dem Hause, das nach meinem Namen genannt ist, auf das ihr euch verlaßt, ebenso tun, wie ich Silo getan habe. Und will euch von meinem Angesicht verstoßen, wie ich verstoßen habe alle eure Brüder, das ganze Geschlecht Israels!« Diese beiden Worte, die Ankündigung der Zerstörung des Tempels und die Ankündigung der Vertreibung aus dem Land – sie trafen das Volk mit ungeheurer Wucht.
Und es trat eine schreckliche Stille ein.
Es war die Stille vor dem Sturm.

Am Grabe Urias

Jeremia 26, 1-24

Jeremia mußte das Grab lange suchen. Er wußte, daß es dort nicht war, wo die Gräber der reichen und geachteten Bürger der Stadt waren. Endlich, am Rande der Begräbnisplätze des niederen Volkes, fand er es. Kaum kenntlich war der Grabhügel. Wenige Steine. Kein Name, keine Blumen. Auf diesen Ort traf die Beschreibung zu, die man Jeremia gegeben hatte. Das war Urias Grab.

Jeremia setzte sich und blickte über die Begräbnisstätte. Er wußte, wieviel dieser Tote und er selbst miteinander gemeinsam hatten. Das Schicksal, das diesen Mann vor zwei Wochen ereilt hatte, das hätte vor zwei Monaten sein eigenes sein können! Uria war Prophet gewesen. Ein Prophet des Herrn, wie Jeremia es jetzt war. Jeremia senkte das Angesicht tief. Er bedeckte die Augen mit den Händen. Was diesem Propheten geschehen war und was ihm vorher geschah, das stand vor seinem Herzen wieder auf. König Jojakim selbst war mit seinem ganzen Hof zum Fest im Tempel versammelt. Da trat Uria auf, der Sohn Schemajas von Kirjath-Jearim vor den Toren Jerusalems. Und im Namen des Herrn predigte er gegen die Heilige Stadt und gegen das Land. Der König wurde bleich. Er griff zum Schwert: »Du mußt sterben!« »Wie ich . . . !« sprach Jeremia.

Ganz klar stand Jeremia vor Augen, was er selbst erlebt hatte. Am großen Herbstfest vor zwei Mo-

naten. »So spricht der Herr: Werdet ihr mir nicht gehorchen, nicht hören auf die Worte meiner Knechte, der Propheten, will ich's mit diesem Haus machen wie mit Silo und die Stadt zum Fluchwort für alle Völker auf Erden!«
Jeremia sah noch deutlich vor sich, wie die Gesichter der Priester erbleichten. Ihnen war das Ansehen des Tempels anvertraut. Ihr Heiligtum sollte in Flammen aufgehen wie Silo. Und er sah, wie die Gesichter der Propheten wie Stein wurden. Jeremia rührte an die Unantastbarkeit des Tempels, von der sie redeten. Und dann nach kurzer, furchtbarer Stille brach der Sturm gegen ihn los: Priester, Propheten, Männer aus dem Volk, umringten ihn. Sie packten ihn: »Du mußt sterben!«
»Es erging uns beiden gleich, dir, Uria, und mir!« Doch vom Augenblick der Todesgefahr an trennten sich die Wege der beiden Gotteszeugen.
Uria war frei. Noch hatten ihn die Häscher des Königs nicht ergriffen. Furcht packte ihn. Er floh. Wie einst Elia vor Isebel floh. Und er kam nach Ägypten. Er atmete auf: »Hier bin ich sicher!«
»Ich konnte nicht fliehen!« sprach Jeremia leise. Noch spürte er die eisernen Griffe der Priester und Propheten. Damals hatte Jeremia mit dem Leben abgeschlossen. Kein Zweifel, daß Priester, Propheten und das Volk ihn jetzt töten würden. »Dann läge ich jetzt an deiner Seite, Uria!«
Doch im selben Augenblick, als Jeremia schon den Tod vor Augen hatte, geschah die erste Fügung zum Besseren. Vom Königspalast her wurden Stimmen laut. Der tobende Lärm der Menge legte sich. »Die Fürsten kommen!« Jeremia atmete auf, wie nur jemand aufatmen kann, der sich in äußerster Todesgefahr befindet. Die Oberen von Juda setzten sich auf die Richterstühle, die sich beim

neuen Tor am Hause des Herrn befanden. Nun ging plötzlich alles in geordneten Bahnen: Die Fürsten und das Volk bildeten den Gerichtshof. Die Priester und Propheten führten Jeremia vor und erhoben Anklage: »Dieser Mann ist des Todes schuldig; denn er hat geweissagt gegen diese Stadt, wie ihr mit euren eigenen Ohren gehört habt!«
»Da war mir nun die Gelegenheit zur Verteidigung gegeben, vor einem ordentlichen Gericht.« Es wurde still. Alle blickten auf den Angeklagten.
Und Jeremia, jetzt am Grabe Urias sitzend, erinnert sich, wie er in dieser höchsten Gefahr an die Stunde seiner Berufung dachte. Ja, jetzt war die Stunde, um aus der Berufung Kraft zu gewinnen.
»Ich kannte dich, ehe ich dich im Mutterleib bereitete und sonderte dich aus, ehe du von der Mutter geboren wurdest und bestellte dich zum Propheten für die Völker ...«
Und es war ihm, als rührte jetzt Gott erneut seinen Mund und sein Herz an. Und er sprach zu seinen Richtern und Klägern: »Der Herr hat mich gesandt, daß ich dies alles, was ihr gehört habt, weissagen soll gegen dieses Haus und gegen diese Stadt ...« Und dann wiederholte er unerschrocken seinen Bußruf: »So bessert nun eure Wege und euer Tun und gehorcht der Stimme des Herrn, dann wird dem Herrn auch gereuen das Übel, das er gegen euch geredet hat!«
Dann appellierte Jeremia an die Gewissen seiner Richter: »Siehe, ich bin in eurer Hand. Ihr könnt mit mir machen, wie es euch recht und gut dünkt. Doch sollt ihr wissen: Wenn ihr mich tötet, so werdet ihr unschuldig Blut vergießen. Über diese Stadt und ihre Einwohner. Denn wahrlich, der Herr hat mich zu euch gesandt, daß ich dies alles vor euren Ohren reden soll«!

Jeremia öffnete die Augen und blickte auf das Grab. »Nun wartete ich auf mein Urteil. Es hätte mir auch jetzt noch ebenso gehen können wie dir: König Jojakim ließ dich in Ägypten holen. Elnathan und andere – das waren deine Häscher. Sie brachten dich vor den König. Und er ließ dich mit dem Schwert töten. Und hier, am Begräbnisort des gemeinen Volks, ließ er dich verscharren. Ruhe im Frieden Gottes, Uria, du treuer Zeuge Gottes!«
Jeremia richtete sich auf. So hart an der Grenze des Todes – ihm war es anders bestimmt! Fast konnte er die Worte nicht glauben, die von den Richterstühlen her an seine Ohren drangen: »Dieser Mann ist des Todes nicht schuldig; denn er hat zu uns geredet im Namen des Herrn, unsres Gottes!«
Und er hörte, wie etliche von den Ältesten des Landes aufstanden und den Freispruch begründeten: »Zur Zeit Hiskias trat der Prophet Micha auf. Er sprach: So spricht der Herr: Zion wird wie ein Akker gepflügt; Jerusalem wird ein Steinhaufen und der Tempelberg zu Heckengestrüpp! – Aber Hiskia ließ ihn nicht töten. Er und sein Volk fürchteten den Herrn und flehten zu ihm. Und der Herr war ihnen gnädig. – Wenn wir nun Jeremia töteten, der dasselbe sagt wie einst Micha, würden wir großes Unheil über uns bringen!«
Jeremia stand auf. Er beugte sich über das Grab Urias und ordnete die Steine zu einem Kreis. Dann richtete er seine Augen zum Himmel auf: »Uria hast du abgerufen, Herr, deinen treuen Zeugen. Mich hast du in Todesgefahr bewahrt und bewahrst mich noch durch Ahikam, Schaphans Sohn, in dessen Haus ich Schutz finde. Ich soll dir weiter dienen. Gib mir Kraft und Mut. – Auf zum Kampf gegen die falschen Propheten!«

Der letzte Versuch

Jeremia 36, 1-32

Jeremia wog die Schriftrolle in seiner Hand. Heute hatte er sie gekauft. Sie war aus Papyrus, etwa dreißig Zentimeter hoch und hatte ausgerollt eine Länge von etwa fünf Metern.
Noch war das Papier leer. Aber mit dieser Schriftrolle sollte gleich jetzt, an diesem Tag, etwas Besonderes geschehen. Oft schon hatte Jeremia seit dem Tag seiner Berufung gepredigt. Immer wieder hatte er das Volk zur Umkehr gerufen. Umsonst! Diese Schriftrolle war nun dazu bestimmt, einen letzten Versuch zu unternehmen, um das Volk zur Umkehr zu bewegen. Mit der Verlesung einer schriftlichen Vermahnung sozusagen.
Klar standen vor Jeremia die Worte des Herrn: »Nimm eine Schriftrolle und schreibe darauf alle Worte, die ich zu dir geredet habe . . . vielleicht wird das Haus Juda, wenn sie hören von all dem Unheil, das ich ihnen zu tun gedenke, sich bekehren, ein jeder von seinem bösen Wege, damit ich ihnen ihre Schuld und Sünde vergebe!« Die Liebe Gottes war es, die herzliche Liebe zu seinem Volk, die diesen letzten Versuch wagte. Wenn er nur gelänge! Noch am selben Tag rief Jeremia seinen Freund Baruch zu sich. Baruch war Schreiber von Beruf. Schreiben war damals eine Kunst, die nur wenige auszuüben verstanden. Auch Jeremia konnte schreiben. Aber diese Sammlung seiner Predigten wollte Jeremia seinem Freund diktieren.

Und während das in Jerusalem geschah, rollte das Rad der Weltgeschichte weiter.
Die Ägypter bauten die Stadt Karkemisch am Westufer des Euphrat zur Festung gegen die Babylonier aus. Nabopolassar, König der Babylonier, wurde krank. An seiner Statt zog sein Sohn, Kronprinz Nebukadnezar, in den Krieg. Er überschritt den Euphrat, nahm Karkemisch ein und schlug das ägyptische Heer vernichtend. Jetzt stand ihm der Weg nach Süden offen. Aber der Kronprinz mußte seinen Siegeslauf unterbrechen. Der Tod seines Vaters zwang ihn zur vorläufigen Umkehr.
Jeremia hatte gerade die letzte seiner Predigten diktiert, als diese Schreckensnachrichten nach Jerusalem kamen. Da erbleichten alle Gesichter. Jetzt wußte man, wer der »Feind aus dem Norden« war. Das war in den Septembertagen des Jahres 605 vor Christus. Groß war die Angst des Volkes. Darum rief man ein »Fasten« aus, einen Landesbußtag.
Als Jeremia davon hörte, erkannte er seine Stunde. Dieser Tag war am besten dazu geeignet, um durch Verlesung aller bisherigen Worte des Herrn einen letzten Versuch zu wagen, das Volk zur Umkehr zu bewegen. Käme es an diesem Bußtag nur zu einer wirklichen Buße!
Er selbst konnte die Schriftrolle nicht verlesen. Er hatte seit dem Zwischenfall mit Paschhur Tempelverbot. Darum sprach er zu Baruch: »Mir ist's verwehrt, ich kann nicht in des Herrn Haus gehen. Du aber geh hin und lies die Schriftrolle, auf die du des Herrn Worte geschrieben hast... Vielleicht werden sie sich mit Beten vor dem Herrn demütigen und sich bekehren...«
Als im neunten Monat das Fasten war, strömte das Volk in den Tempel, das Volk aus Jerusalem und das Volk aus den Städten Judas.

Baruch aber stand in der Halle Gemarjas im oberen Vorhof des Tempels. Gemarja war ein Sohn Schaphans und mit Jeremia befreundet. Laut fing Baruch an zu lesen. Die erste Spalte, die von der Berufung Jeremias handelte: »Und des Herrn Wort geschah zu mir: Was siehst du? Ich sprach: Ich sehe einen siedenden Kessel überkochen von Norden her! Und der Herr sprach zu mir: Von Norden her wird das Unheil losbrechen über alle, die im Lande wohnen!« Als Baruch dieses schreckliche Bild den Zuhörern vor Augen stellte, wurden alle still. Keiner spottete mehr über die Predigten Jeremias. Und so las Baruch weiter: »Mein Volk tut eine zweifache Sünde: Mich, die lebendige Quelle verlassen sie und machen sich Zisternen, die doch löcherig sind und kein Wasser geben!«
Aber – wirkten diese Worte Umkehr und Buße? Das Volk schwieg. Nur bei einem klopfte das Herz schneller. Das war Michaja, der Sohn Gemarjas. Atemlos hörte er Wort um Wort. Und er fand es so wichtig, daß er es sofort den Großen des Reiches mitteilen mußte. Diese waren zur gleichen Zeit im Staatsrat versammelt.
Der Kanzler und die Fürsten waren von den Worten Gemarjas so beeindruckt, daß sie beschlossen, Baruch mit der Schriftrolle holen zu lassen. Darum eilte Judi zu Baruch und sprach zu ihm: »Nimm die Schriftrolle, aus der du dem Volk vorgelesen hast, mit dir und komm!« So also ging es mit dem Schicksalsweg dieses Buches weiter: Die Fürsten sprachen zu Baruch: »Setze dich und lies, daß wir's hören!« Wieder las Baruch. Und er las: »So spricht der Herr Zebaoth: ›Bessert euer Leben und euer Tun, so will ich bei euch wohnen an diesem Ort . . . Geht hin zu meiner Stätte zu Silo, wo früher mein Name gewohnt hat und schaut, was ich dort getan

habe wegen der Bosheit meines Volkes Israel. Weil ihr denn heute solche Dinge treibt, will ich mit dem Hause, das nach meinem Namen genannt ist, ebenso tun, wie ich mit Silo getan habe!‹« Als die Fürsten alle diese Worte hörten, entsetzten sie sich. Leben und Tod Judas standen auf dem Spiel. Beides hing ab vom Gehorsam gegenüber dem Willen Gottes. Weil sie das einsahen, sprachen sie: »Wir müssen diese Worte dem König mitteilen!«
Doch – stammten sie wirklich alle von Jeremia? Das mußten die Fürsten wissen, um dem König Rechenschaft geben zu können. So fragten sie Baruch: »Sage uns, wie hast du alle diese Worte aufgeschrieben?« Da antwortete Baruch: »Jeremia hat mir alle diese Worte vorgesagt, und ich schrieb sie mit Tinte auf die Schriftrolle!«
Die Fürsten kannten den König. Sie wußten, daß er Jeremia haßte, weil dieser ihm mehrmals die Wahrheit gesagt hatte. Den Propheten Uria ließ er töten. Gleiches konnte jetzt mit Jeremia und mit Baruch geschehen. Darum sprachen sie zu Baruch: »Geh hin und verbirg dich mit Jeremia, daß niemand wisse, wo ihr seid!«
Die Schriftrolle aber ließen sie in der Halle Elischamas, des Schreibers, verwahren.
Sie gingen daraufhin zum König hinein und berichteten ihm, was sie gehört hatten.
Was wird der König jetzt tun? Das Schicksal des Gottesvolkes hing jetzt von seiner Entscheidung ab. Der König ließ die Schriftrolle durch Judi holen. »Lies sie vor!« befahl der König dann. Judi begann, die Schriftrolle von vorn an zu lesen. Wut packte den König, als er die Worte hörte, die Jeremia im Auftrag Gottes gesprochen hatte. Und zugleich Verachtung. »Was wagt der zu schreiben? Der König von Babel wird kommen und dieses

Land verderben?« Und der König nahm das Messer, mit dem damals die Schreiber das Schreibrohr zu spitzen pflegten. Immer, wenn Judi drei oder vier Spalten gelesen hatte, schnitt er sie mit dem Schreibermesser ab und warf sie ins Feuer. »Mich, die lebendige Quelle verlassen sie!« – Ratsch! Ins Feuer! »Land, Land, Land, höre des Herrn Wort!« – Ratsch! Ins Feuer! »Weh dem, der sein Haus mit Sünden baut!« – Ratsch! Ins Feuer! Soweit war es im Volke Gottes gekommen, daß der König Gottes Wort verbrannte.

Nein, diesmal war es ganz anders als einst zu Josias Zeiten. Niemand entsetzte sich. Niemand zerriß im Schmerz über das bisherige falsche Leben die Kleider. Drei Männer allerdings wandten sich an den König. Es waren Elnathan, Delaja und Gemarja: »Bitte, König, verbrenne die Schriftrolle nicht.« Doch König Jojakim hörte nicht auf sie. War es nicht so, als entzündete dieses Feuer, in dem die Schriftrolle mit dem Wort Gottes verbrannte, jenen furchtbaren Feuersturm, in dem dann in wenigen Jahrzehnten die Heilige Stadt mitsamt den Städten des Landes untergehen sollte?

Das war ein Bußtag – aber ohne Buße!

Als die ganze Schriftrolle verbrannt war, wollte der König auch die Verfasser in seine Hände bringen. Doch es gelang dem Prinzen Seraja und zwei Beamten nicht, Baruch und Jeremia zu ergreifen. Der Herr hielt sie verborgen. So endete dieser Versuch, Israel zur Umkehr zu rufen.

Und jetzt? Ist damit das angekündigte Gericht wirkungslos? Bücher lassen sich zwar verbrennen, nicht aber das lebendige Gotteswort, das sie enthalten. König Jojakim sollte das erfahren. Jeremia erhält den Auftrag, eine neue Schriftrolle zu schreiben. Sie soll alle Worte der ersten enthalten. Aber

sie enthält ein neues Wort über Jojakim: Keiner von seinen Söhnen wird auf dem Thron Davids sitzen. Sein Leichnam findet nicht die Ehre der Bestattung. Und über Jerusalem und Juda wird das Unheil kommen, das Jeremia im Auftrag Gottes angekündigt hat.
Auch diese zweite Schriftrolle schrieb Baruch. Und es wurden ihr noch weitere Worte Jeremias hinzugefügt.

Das Apfelbäumchen

Jeremia 29, 1-29

Das Apfelbäumchen lag auf dem Boden. Uneingepflanzt. Zum Glück war an den Wurzeln noch Erde, es war noch lebendig. Abia schaute auf das Bäumchen nieder. Der Junge gehörte zu den Judäern, die vor zwei Jahren aus Jerusalem nach Babylon weggeführt worden waren. Als Abia gestern das Zeltlager für einige Zeit verlassen hatte, fand er das Apfelbäumchen. Ein Babylonier warf es achtlos an den Rand des Wegs. Da kam Abia der Gedanke: »Ich nehme es mit. Ich pflanze es ein. Früchte wird es bringen!« Voll Freude hob er hinter dem Zelt seiner Eltern die Baumgrube aus.

Da kam sein Vater. »Was machst du da?« – »Ich pflanze einen Baum!« Der Vater nahm seinem Sohn den Spaten weg: »Wir pflanzen hier nicht!« Dann wies er mit der Hand nach Norden. Dort sah man aus dem Dunst der Ebene einen ungeheuren Turm aufsteigen. Der Turm zu Babel. Das Zentralheiligtum Marduks, des obersten Gottes der Babylonier. Bitter sprach der Vater: »Wir leben hier als Verbannte im heidnischen Land. Wir sind weggerissen worden aus dem Land unsrer Väter. Fern sind wir von der Stadt unseres Gottes. Wir sind abgeschnitten von seiner Macht und von seinem Segen. Darum unterlassen wir alles, wozu wir den Segen unsres Gottes brauchen: Wir bauen hier nicht! Wir pflanzen hier keine Gärten an! Wir schließen keine Ehen!« Dann richtete er seinen Blick nach Westen: »Für uns gibt es nur eine Hoffnung: die Heimkehr!« Während Joahas mit seinem Sohn so sprach, trat zu ihnen Ahab, der Sohn Kolajas. Er gehörte auch zu den Verbannten und war außerdem einer der Propheten, die vor der Wegführung im Heiligtum zu Jerusalem ihren Dienst taten. Mit einem Blick erkannte er, was geschehen war: »Du hast recht getan, Joahas«, sprach er. »Wir bauen hier nicht! Wir legen hier keine Gärten an! Denn so spricht der Herr: Ehe zwei Jahre um sind, werden die Geräte, die der König von Babel aus Jerusalem mitgenommen hat, und alle Weggeführten wieder heimkehren; denn Gott wird das Joch des Königs von Babel zerbrechen!« – »Amen!« sprachen Joahas und sein Sohn Abia. »Es möge geschehen, was . . .«

Doch sie konnten den Satz nicht vollenden. Von der Mitte des Lagers her drangen laute, erregte Stimmen. Der Junge und die beiden Männer konnten sie zuerst nicht verstehen. Doch dann hörten sie deutlich: »Ein Brief! Ein Brief aus Jerusalem ist gekommen!« – »Ein Brief aus Jerusalem ist gekommen? Aus der Heimat? Kommt!«

Der Junge und die beiden Männer liefen zur Mitte des Lagers. Da strömten schon die verbannten Judäer zusammen. Einige wenige der Ältesten kamen, die den Verbannten geblieben waren. In der Eile des Laufes konnten sie kaum ihre Würde bewahren: »Ein Brief aus Jerusalem!« Die Priester kamen und die Propheten: »Ein Brief aus der Stadt unseres Gottes!« Und das Volk strömte zusammen: »Ein Brief aus der Heimat!« Viele Stimmen: »Wer hat geschrieben?« – »Lies vor!«

Doch dann herrschte betretene Stille, als der Name fiel, den viele nicht gerne hörten.

Ela, einer der Ältesten, hob den versiegelten Brief hoch: »Jeremia sendet ihn uns, der Sohn Hilkias.«

– »Lies vor, was er uns zu sagen hat!« Ela zerbrach das Siegel und öffnete die Rolle. Er begann zu lesen: »So spricht der Herr Zebaoth, der Gott Israels, zu den Weggeführten, die ich von Jerusalem nach Babel habe wegführen lassen! Baut Häuser und wohnt darin; pflanzt Gärten und eßt ihre Früchte; nehmt euch Frauen und zeugt Söhne und Töchter; nehmt für eure Söhne Frauen und gebt eure Töchter Männern, daß sie Söhne und Töchter gebären; mehrt euch dort, daß ihr nicht weniger werdet!« Diese unerwarteten Worte verschlugen zunächst allen die Sprache. Dann einzelne ungläubige Ausrufe: »Also sollen wir hier bleiben?«
Noch schwieg die Mehrzahl.
Ela las weiter. Und nun schien es, als brächte er einzelne Worte kaum mehr hervor: »Suchet der Stadt Bestes, dahin ich euch habe wegführen lassen und ... und ...« – Dann schrie Ela plötzlich auf: »Nein! Nein! Ich kann nicht mehr weiterlesen!« Er warf den Brief auf den Boden.
Irad, ein anderer der Ältesten, las weiter: »Suchet der Stadt Bestes, dahin ich euch habe wegführen lassen, und betet für sie zum Herrn; denn wenn's ihr wohlgeht, so geht es euch auch wohl!« Da erhob sich ein ungeheures Geschrei: »Wir sollen mit den Babyloniern zusammenarbeiten? Die uns in die Verbannung geschleppt haben? Wir sollen für die Stadt der Heiden beten?«
Doch Abia verstand die Worte anders. Und er war nicht allein. Pflanzen, Bauen – das waren Worte der Hoffnung! Gott hatte sein Volk also nicht aufgegeben. Und das Gebet für Babel? Das Gebet für die Heiden? Sollten die Nachkommen Abrahams nicht allen Menschen zum Segen werden? Der Gott, in dessen Namen Jeremia sprach, wollte auch jetzt das Heil seines Volkes.

Aber jetzt hieß es, neue, mühevolle Wege gehen. Irad stand zunächst wie versteinert da. Dann zerriß er den Brief in der Mitte und warf die beiden Stücke auf den Boden. Der Lärm legte sich.

Da beugte sich Joahas, hob die Bruchstücke des Briefes auf und hielt sie aneinander. Dann sprach er: »Hört nun die Begründung! Denn so spricht der Herr: Wenn für Babel siebzig Jahre voll sind, so will ich euch heimsuchen und euch mein gnädiges Wort erfüllen, daß ich euch wieder an diesen Ort bringe. Denn ich weiß wohl, was ich für Gedanken über euch habe, spricht der Herr: Gedanken des Friedens und nicht des Leides, daß ich euch Zukunft und Hoffnung gebe!«

»Gedanken des Friedens und nicht des Leides . . . !« wiederholte Joahas. Schwer lasteten auf allen die siebzig Jahre. Also würde keiner von ihnen je die Heimat wiedersehen! Aber auch die Gerichte Gottes haben zum Ziel das Heil seines Volks.

»Aber können wir auch unter den Heiden, im heidnischen Land Verbindung mit Gott haben?« – »Ja, das können wir. Hört, was Jeremia schreibt: Und wenn ihr mich anruft und zu mir betet, so werde ich euch erhören; und wenn ihr mich sucht, so werdet ihr mich finden. Wenn ihr mich von ganzem Herzen suchen werdet, so will ich mich von euch finden lassen!« – »So können wir also Gott erreichen durch Umkehr und durch das Gebet!«

Jetzt drängten sich die Propheten und ihre Anhänger auf einmal nach vorn. Ahab und Zedekia standen an der Spitze. Laut riefen sie: »Hört nicht auf die Stimme Jeremias. Gott hat uns in Babylon Propheten erweckt. Laßt uns auf sie hören!«

Joahas aber, der sich immer mehr die Sache Jeremias zu eigen zu machen schien, las weiter: »Zwar meint ihr, der Herr habe euch in Babel Propheten erstehen lassen. Doch so spricht der Herr Zebaoth, der Gott Israels: Laßt euch durch die Propheten, die bei euch sind, und durch die Wahrsager nicht betrügen, und hört nicht auf die Träume, die sie träumen! Denn sie weissagen euch Lüge in meinem Namen. Ich habe sie nicht gesandt, spricht der Herr!« Dann wurde die Szene auf einmal zu einem Tribunal: Mit leiser Stimme las Joahas die Worte Jeremias, die den Propheten Ahas und Zedekia das Urteil Gottes ankündigten: Tod durch die Hand Nebukadnezars, des Königs von Babel.

Die Menge spaltete sich. Die einen stellten sich auf die Seite der Propheten Ahas und Zedekia. Die anderen hielten zu Joahas und Abia. Der Junge bewahrte den Brief wie einen teuren Schatz. Noch am selben Tag erfolgten zwei Antworten auf Jeremias Brief. Der Prophet Schemaja schrieb an den Priester Zefania in Jerusalem. Dieser hatte über die Ordnung im Tempel zu wachen. Schemaja forderte ihn auf, Jeremia als einen Wahnsinnigen und Narren in Block und Eisen zu legen.

Abia aber und sein Vater Joahas gingen zu dem kleinen Stück Land, das die Babylonier der Familie zugewiesen hatten. Beide, Vater und Sohn, senkten nun sorgsam die Baumwurzeln in die Erde. Und während sie die Erde anhäuften und festtraten, sprach Abia: »Baut Häuser und wohnt darin, pflanzt Gärten und esset ihre Früchte! Suchet der Stadt Bestes und betet für sie zum Herrn! – Denn ich weiß wohl, was ich für Gedanken über euch habe.«

Der schwarze Samariter

Jeremia 38 und 39

Unablässig beschossen babylonische Wurfmaschinen die Stadt Jerusalem mit Steinen und Brandpfeilen. Sie schoben Belagerungstürme gegen die Nordmauer vor. Sturmtruppen versuchten über Leitern in die Stadt einzudringen. Die ganze Stadt war erfüllt vom Geschrei der Kämpfenden, vom Stöhnen der Verwundeten und vom Weinen der Frauen und Kinder.
Schon über ein Jahr dauerte die Belagerung der Stadt. König Zedekia hatte auf den Rat seiner Fürsten und der Hofpropheten gehört und war von Babylon abgefallen. Als Antwort darauf begann Nebukadnezar die Stadt zu belagern.
Die Heftigkeit der babylonischen Angriffe schien in dem Maß zuzunehmen, als sich das Brot in der belagerten Stadt verminderte und der Hunger wuchs.
Alles Geschehen schien sich in diesen schrecklichen Tagen auf die Kämpfe an der Nordmauer zu konzentrieren.
Doch was war das? Vier Männer eilten durch den Wachthof des königlichen Palastes. Das waren hohe Offiziere, Fürsten alle vier: Schephathja, Gedalja, Juchal und Paschhur, der Sohn Malkias. Sie eilten auf den Mann zu, der durch das Gitter des allseitig abgeschlossenen Hofes mit ausgehungerten Soldaten und verängstigten Männern und Frauen der Stadt sprach. Als die Menge die vier

Fürsten sah, stob sie auseinander. Jeremia aber packten sie und schleiften ihn quer über den Hof bis zur schwarz gähnenden Öffnung einer Zisterne. Wortlos banden sie dem entsetzten alten Mann ein Seil um die Brust. Dann schleiften sie ihn bis an den Rand der Grube. Da half kein Schreien: »Nein, nein! Laßt mich mit euch reden!« Als er die letzten Worte schrie, ließen sie ihn schon hinunter in die Zisterne. Die Öffnung der Zisterne, einer tiefen Grube, die zum Auffangen von Regenwasser diente, war klein. In der Erde weitete sie sich flaschenförmig aus. Jeremia fiel in die Tiefe. Doch – die Zisterne enthielt kein Wasser. Aber Schlamm. Jeremia sank in den Schlamm. Seine Henker holten das Seil wieder heraus. Höhnisches Gelächter. Dann verschwanden sie. Jeremia aber sank im Schlamm immer tiefer. Bis zur Brust.

Aus welchem Grund handelten diese vier Männer so? Seit dem ersten Auftreten der Babylonier war es Jeremia gewiß geworden, daß es Gottes Wille war, sich dieser Weltmacht zu fügen. Deshalb ging er auch einmal wochenlang mit einem Joch durch die Stadt. Das war ein eineinhalb Meter langer Balken, der für gewöhnlich über dem Nacken der Zugtiere lag und mit Seilen und Haken an Hörnern und Hals befestigt war. Als die Bewohner der Stadt den Propheten sahen, lachte niemand. Und alle hörten die Botschaft: »Unterwerft euch dem Joch des Königs von Babel. Es ist Gottes Wille – zu eurem Heil! Es ist Gottes Wille – zu eurem Heil!«

Aber dann war Zedekia doch abgefallen. Und nun war das Unheil da.

Jetzt ging es Jeremia nur noch um die Rettung der Belagerten. Darum forderte er immer wieder zum Überlaufen auf. Nicht aus Feigheit tat der Prophet

das. Er hatte ja immer wieder großen Mut bewiesen, aber nur durch diesen ungeheuerlichen Schritt war das Volk Gottes noch zu retten.
So hatte er auch heute wieder Soldaten und Bürgern, die ihn um seine Meinung fragten, gesagt: »So spricht der Herr: Wer in dieser Stadt bleibt, der wird durch Schwert, Hunger und Pest sterben müssen; wer aber hinausgeht zu den Babyloniern, der soll am Leben bleiben und sein Leben wie eine Beute davonbringen. Denn so spricht der Herr: Diese Stadt soll übergeben werden den Händen des Königs von Babel, und er soll sie einnehmen!«
Als jene vier Fürsten diese Worte hörten, packte sie rasende Wut. Sie waren vom Sieg trotz aller Bedrängnis überzeugt. Sie wollten fanatischen Widerstand. Und der Prophet da unterlief ihre Pläne. Sofort eilten sie zum König. »Laß doch diesen Mann töten, denn auf diese Weise nimmt er den Kriegsleuten, die noch übrig sind, den Mut, desgleichen dem Volk, weil er solche Worte zu ihnen sagt. Denn der Mann sucht nicht, was diesem Volk zum Heil, sondern was ihm zum Unheil dient!«
König Zedekia hatte den Propheten Jeremia schon zweimal um seinen Rat gefragt. Er hatte angeordnet, daß Jeremia nicht mehr in einem nassen, dunklen Gefängnis bleiben mußte, sondern daß er sich im Wachthof aufhalten durfte. Aber er hatte jetzt nicht den Mut, diesen vier Männern zu widerstehen. Er sprach: »Siehe, er ist in euren Händen; denn der König vermag nichts gegen euch!«
Jeremia aber steckte immer noch im tiefen Schlamm. Er schrie: »Gott, hilf mir! Denn das Wasser geht mir bis an die Kehle! Ich versinke in tiefem Schlamm, wo kein Grund ist ... Die mich ohne Grund hassen, sind mehr, als ich Haare auf dem Haupt habe!«

Aber – konnte es jetzt noch eine Rettung geben? Mußte in diesen Tagen des Untergangs der Stadt nicht jeder an sich selbst denken? Da erschien auf einmal ein Gesicht über dem Propheten. Es beugte sich jemand über den Zisternenrand. Ein dunkles Gesicht. Es war ein Schwarzhäutiger. Ebed-Melech hieß er. Und er war ein Sklave im Dienst des Königs.
Wie er nach Jerusalem gekommen war – wer weiß! Vielleicht hatten ihn phönizische Sklavenjäger an der afrikanischen Küste gefangen. Das Wunder geschah, daß dieser versklavte Mann in Jerusalem zum Glauben an den Gott Israels kam. Er kannte auch den Propheten Jeremia.
Jetzt eilte er zum König. Noch im Laufen mußte er mit sich ringen: »Wenn ich das tue, so sind die Fürsten meine Feinde. Und sie sind mächtig! Wenn ich aber wirklich Gott vertraue, dann muß ich seinem Propheten helfen!« Im Vertrauen auf Gott wagte er den Gang zum König. Er fand ihn beim Benjamintor. »Mein Herr und König, diese Männer handeln übel an dem Propheten Jeremia, daß sie ihn in die Zisterne geworfen haben; dort muß er vor Hunger sterben; denn es ist kein Brot mehr in der Stadt!« Da zeigte es sich, daß der wankelmütige König ein weiches Herz hatte. Er sprach zu dem Sklaven: »Nimm von hier drei Männer mit dir und ziehe den Propheten aus der Zisterne, ehe er stirbt!«
Ebed-Melech eilte mit den drei Männern zuerst in die Kleiderkammer im Königspalast und nahm dort zerrissene, alte Lumpen an sich. Dann eilte er mit ihnen zur Zisterne.
Jeremia schaute aus der Tiefe hinauf. Er sah Ebed-Melech und seine drei Helfer. Ein Bündel mit Lumpen senkte sich an einem Seil zu dem Versinkenden

herab. Ebed-Melech rief: »Lege diese zerrissenen alten Lumpen unter deine Achseln um das Seil!« Mit letzter Kraft tat das der alte Mann und befestigte das Seil. Dann zogen die vier Männer Jeremia an den Stricken aus der Zisterne.
Da standen sie sich gegenüber: der Prophet und sein Lebensretter. Der Judäer, der im Gehorsam gegen Gott das Wort Gottes verkündigte, und der schwarze Sklave, der ihm im Vertrauen auf Gott das Leben rettete.
In den nächsten Tagen wuchs eine große Angst im Herzen des schwarzen Sklaven. Ihn trafen die haßerfüllten Blicke der vier Fürsten. Und die Einnahme der Stadt kam immer näher. Entging Ebed-Melech den Händen der Fürsten, so würden ihn die Babylonier töten, weil er im Dienst des abtrünnigen Königs stand.
Als er sich wieder einmal im Wachthof aufhielt, trat Jeremia zu ihm. Der alte Prophet legte dem schwarzen Mann die Hände auf die Schultern und sprach zu ihm: »So spricht der Herr Zebaoth, der Gott Israels: Siehe, ich will meine Worte kommen lassen über diese Stadt zum Unheil und nicht zum Heil, und du sollst es sehen zur selben Zeit. Aber ich will dich erretten zur selben Zeit, spricht der Herr, und du sollst den Leuten nicht ausgeliefert werden, vor denen du dich fürchtest. Denn ich will dich entkommen lassen, daß du nicht durchs Schwert fallest, sondern du sollst dein Leben wie eine Beute davonbringen, weil du mir vertraut hast, spricht der Herr!«

Der neue Bund

Jeremia 31,31-34

Zwei Männer näherten sich von Norden her der Stadt Jerusalem. Der Ältere ging mühsam und gebeugten Hauptes. Seine Haare waren weiß. Tiefe Furchen hatte die Zeit in sein Gesicht eingegraben. Von namenlosem Leid sprach der müde Blick der Augen. Der Jüngere stützte ihn immer wieder. Mehrmals wurden sie von Babyloniern aufgehalten. Doch das von dem babylonischen General Nebusaradan unterzeichnete Papier machte ihnen jedesmal den Weg frei. Es war auf den Namen des Älteren ausgestellt: Jeremia. Mühsam erreichten sie auf dem Ölberg jene Stelle, wo man zur Stadt hinüberschauen konnte. Wie erstarrt blieben beide bei dem Anblick stehen, der sich ihnen bot. Minutenlang blickten sie entsetzt hinüber auf die Stadt. Dann bedeckte Jeremia in einer jähen Geste die Augen mit den Händen. Und mit einem Aufschrei tiefsten Schmerzes sank er auf die Knie und senkte sein Angesicht bis zur Erde. Lange verharrte er so. Dann richtete er sich wieder auf. Er wischte sich die Tränen aus den Augen und schaute wieder hinüber zur Stadt. Ein furchtbarer Anblick! Schon hatten die Babylonier die Stadtmauern zerstört. Viele Häuser lagen in Trümmern. Noch stieg Rauch aus einzelnen Ruinen. Der Geruch der Zerstörung drang bis hier herauf auf den Ölberg. Der Königspalast – ein Steinhaufen! Und tief grub sich der Schmerz in Jeremias Herz – jetzt waren die Babylo-

nier dabei, den Tempel zu zerstören! Fast vermochten die beiden Männer diesen Anblick nicht zu ertragen. Die Spitzhacken der babylonischen Soldaten wetterten gegen die Mauern am Tempel des Herrn. Das Heiligtum sank in Trümmer.
»Es ist aus mit dem Volk Gottes!« sprach Baruch in tiefstem Schmerz.
Erst am Abend, als die Babylonier ihr Zerstörungswerk vollständig vollendet hatten, wagten sich die beiden in die Stadt. Oft war die Straße mit Trümmern versperrt. Endlich kamen sie auf den Tempelplatz. Ein furchtbarer Anblick! Zerstörung und Verwüstung überall! Eingestürzte, brandgeschwärzte Mauern. Balken, zerfetzte Priestergewänder. Nicht weit vom Tempel entfernt fanden sie zerschmetterte Steinplatten besonderer Art auf dem Boden liegen. Noch konnte man die Schrift entziffern, die in sie kunstvoll eingegraben war: »Ich bin der Herr, dein Gott, der dich aus Ägyptenland, aus der Knechtschaft geführt hat: Du sollst keine anderen Götter neben mir haben!« – »Das sind die Gesetzestafeln, die in der Bundeslade waren!« – »Ja«, sagte Jeremia, »das sind die Dokumente des Bundes, den Gott mit seinem Volk einst am Sinai geschlossen hat!« – Nach einer langen Zeit des Schweigens sprach Baruch: »Was ist mit dem Bund, Jeremia?« Jeremia stieß mit den Füßen gegen die geborstenen Tafeln: »Israel hat den Bund gebrochen!«
Sie setzten sich auf Steinblöcke, die in der Nähe lagen. Schweigend saßen sie, zu ihren Füßen lagen die Tafeln des gebrochenen Sinaibundes. Baruch gab seinem Freunde recht: Das Volk Gottes hatte den Bund gebrochen. Der Wille Gottes stieß auf verstockte Herzen. Alles Rufen der Propheten zur Umkehr nützte nichts. Große Teile des Volkes hin-

gen dem Baal an. Ungerechtigkeit herrschte im Verkehr zwischen den Menschen. Auch die beschwörenden Worte des Gesetzbuches, das man zu Josias Zeiten fand, hatten keine Änderung bewirkt. Baruch mußte an die Worte seines Freundes über das menschliche Herz denken: »Es ist das Herz ein trotzig und verzagt Ding!«

Die Sonne war untergegangen.

Baruch versank in tiefe Traurigkeit. »So ist es jetzt aus mit dem Volk Gottes! Es geht unter in der Verbannung oder hier im Land. Die Stunde Null!« Da erhob sich Jeremia mühsam. Er griff unter seinen Mantel und brachte eine kleine Schriftrolle hervor. Mühsam sprach er: »Hier sind die Worte aufgezeichnet, die ich für die verbannten Israeliten und für die Judäer, für das ganze Gottesvolk aufgeschrieben habe. – Hier steht auch die Antwort auf deine Frage nach dem Bund.«

Jeremia wußte, daß er jetzt Worte aussprechen durfte, die so noch nie im Volk Gottes ausgesprochen worden waren. Etwas Neues durfte er verkündigen. Nur einer, Hosea, Jeremias geistlicher Vater, wies in die gleiche Richtung.

Und während Nacht und Grauen den zerstörten Tempel umhüllten, gab Jeremia auswendig die Worte wieder, die Gott ihm eingegeben hatte:

»Siehe, es kommt die Zeit, spricht der Herr, da will ich mit dem Hause Israel und mit dem Hause Juda einen neuen Bund schließen, nicht wie der Bund gewesen ist, den ich mit ihren Vätern schloß, als ich sie bei der Hand nahm, und sie aus Ägyptenland führte; ein Bund, den sie nicht gehalten haben, ob ich gleich ihr Herr war, spricht der Herr. Sondern das soll der Bund sein, den ich mit dem Hause Israel schließen will nach dieser Zeit, spricht der Herr: Ich will mein Gesetz in ihr Herz geben und in ihren Sinn schreiben, und sie sollen mein Volk sein und ich will ihr Gott sein. Und es wird keiner den anderen, noch ein Bruder den anderen lehren und sagen: Erkenne den Herrn, sondern sie sollen mich alle erkennen, beide, klein und groß, spricht der Herr; denn ich will ihnen ihre Missetat vergeben und ihrer Sünde nicht mehr gedenken!«

Baruch stand in großer Erregung auf. Und er sprach in dieser Trümmerwelt: »Du sprichst von etwas ganz Neuem, Unerhörtem! Es ist mit dem Volke Gottes nicht zu Ende! Gott wendet sich uns zu. Gott schafft einen neuen Anfang!«

Baruch erkannte klar, was daran neu war. Er blickte auf die zerbrochenen Tafeln zu seinen Füßen mit der eingegrabenen Schrift. – Jetzt wird Gott seine Weisung ins Herz der Menschen graben.

Baruch blickte um sich: Wie oft wollten an diesem Ort treue Priester und treue Propheten das Volk zur Erkenntnis Gottes führen, zuletzt mit beschwörenden Worten wie Jeremia! Vergeblich. Aber – der neue Mensch wird mit Gott so verbunden sein, wie der gehorsame Sohn mit dem Vater. Und dann: Sündenvergebung! Gott wird allen Anlaß zu Zorn und Strafe ins Meer versenken, wo es am tiefsten ist.

Schmerzvoll wurde es Baruch und Jeremia bewußt, wie himmelweit entfernt das Volk Gottes und sie selbst vom Bild dieses neuen Menschen entfernt waren.

»Wann kommt der neue Mensch?« fragte Baruch.

Jeremia antwortete: »Siehe, es kommt die Zeit!«

Am Morgen gingen beide miteinander zurück nach Mizpa.

Jeremia starb in Ägypten. Es starb auch Baruch. Die Perser gewährten den verbannten Judäern die

Heimkehr ins Gelobte Land. Der Tempel wurde wieder aufgebaut. Und jetzt wurden die Worte Jeremias im Tempelgottesdienst verlesen. Auch die große Verheißung vom neuen Bund. Aber der neue Mensch war noch nicht gekommen.
Später besetzten die Römer das Land. Die Schriftgelehrten legten die Schrift aus, auch die Worte des Propheten Jeremia. Aber der neue Mensch war noch nicht gekommen.
Dann kam er. Er sprach: »Meine Speise ist die, daß ich tue den Willen dessen, der mich gesandt hat, und vollende sein Werk!« Jesus von Nazareth war der neue Mensch mit dem neuen Herzen. Und in der Stadt, in der Jeremia einst den neuen Bund ankündigte, sprach er in der Nacht vor seinem Tod, als er seinen Jüngern beim Abendmahl den Kelch reichte: »Trinket alle daraus, das ist mein Blut des neuen Bundes, welches vergossen wird zur Vergebung der Sünde!« – Das waren die Worte der Einsetzung des neuen Bundes. Und am anderen Tag brachte er selbst sein Leben als Lösegeld dar.
Und in Jerusalem sammelte sich an Pfingsten die Gemeinde, aus Juden und Heiden, die dem Menschen mit dem neuen Herzen nachfolgte.